सिर्फ़ समय तथा अन्य कविताएँ

हिमांशु जोशी

प्रभाकर प्रकाशन

ISBN: 978-93-56828-27-8
eISBN: 978-93-56829-31-2

प्रकाशक : प्रभाकर प्रकाशन
प्लॉट नं.-55, मेन मदर डेयरी रोड
पांडव नगर, ईस्ट दिल्ली-110092
फोन : 011-40395855

ई-मेल : sales@pharosbooks.in
वेबसाइट : www.prabhakarprakashan.com

प्रथम संस्करण : 2024

मुद्रक : सुषमा बुक बाइंडिंग हाउस ओखला इंडस्ट्रियल
एरिया फेस-II, नई दिल्ली-110020

सिर्फ़ समय तथा अन्य कविताएँ
हिमांशु जोशी

दो शब्द

शब्द का कोई सार्थक अर्थ होता है, अर्थ का सार्थक आयाम, तभी किसी शब्द की भी सार्थकता सिद्ध होती है। छोटी-छोटी कविताओं के माध्यम से यहाँ जो कुछ कहने का प्रयास किया गया है; वह इसी सार्थकता की खोज का प्रयास है।

मानव नियति की विडम्बनाओं को परिभाषित करती ये कविताएँ; कविताएँ ही नहीं, अपने समय के छोटे-छोटे दस्तावेज भी हैं। इनमें स्पन्दन करती, दम तोड़ती आस्थाएँ, तिल-तिल रिसता आत्म-विश्वास, कहीं गहरा क्षोभ, गहरा आक्रोश-सब आज के ही इतिहास के अंश हैं-दुख, दैन्य, शोषण! विरासत में आज के आदमी को इतना कुछ मिला कि वह इस का भार अपने दुर्बल कन्धों पर उठा पाने में

असमर्थ अनुभव कर रहा है-

सदियों से यही सिलसिला
कापालिक की तरह
हर रात तुम
आदमियों का आखेट करने आते हो
हर रात रक्तपान कर
धरती रोंध कर चले जाते हो।

इन सीधी-सादी सरल कविताओं में बर्फ की शीतलता ही नहीं कहीं गहरा आक्रोश भी। छल-छद्म से घिरी, इस हिंस्र आखेट-भूमि में निरीह, निहत्था आदमी जीए, तो जीए कैसे! कुछ ऐसा ही दर्द-इन कविताओं में भी अनायास ध्वनित होता है।

कविता क्रम

नील नदी का वृक्ष

जब भी
तुम
रेत देखती,
नदी
या
सागर का जल,
या
उड़ता अकेला जल-पाँखी
तुम्हारी
भूरी आँखों में
एक चित्र
उभर आता।
वह चित्र
पिरामिड़ों का नहीं,
सहारा,
आस्वान,
स्वेज
या

नील नदी का नहीं,
मात्र एक
वृक्ष
का
होता था—
अन्तहीन
रेगिस्तान में खड़े—
जिस में न पत्तियाँ थीं
न टहनियाँ
न शाखाएँ
न तना
और न जड़ें ही
अपने रक्त से
सींच-सींचकर
तुमने इसे उगाया था
बड़ा किया था,
आसमान से भी ऊँचा
खड़ा किया था
कि
इसकी शीतल छाँह में,
कभी
जेठ की
झुलसती दोपहरी में,
साँस
ले सको—
कि
जी सको,
इस जीवित असत्य के
सहारे
कभी!

***

सुनो, अग्निसम्भव

सुनो,
अग्निसम्भव सुनो,
मेरी शिराओं में
प्रवाहित रक्त के अवशेष
अभी तक हैं शेष
अभी तक
हृदय में स्पंदन है;
आँखों में धुँधली-सी दृष्टि
कहीं खोई कल्पनाओं की
सृष्टि—
अभी भी
आकार लेकर उभरने लगती है।
अजन्मी आकांक्षाएँ,
बूँद-बूँद रिसता विश्वास,
घटाटोप बादलों से
छन-छन कर आती—
धूप की कटी किरण-सी आस्था
अभी भी जीवित है कहीं

क्योंकि
तुमने जो कहा,
ब्रह्म-वाक्य मानकर मैंने वही किया
तुमने कहा—
यह आग की नदी है,
इसमें स्नान करो,
मैंने चुपचाप वस्त्र उतारे
और
आग की लहरों में डुबकियाँ लेकर
झुलसता, तपता रहा

तुमने कहा—
यह हिमनदी है,
यह भी तुम्हारे स्नान के लिए है
मैंने
फिर वस्त्र उतारे
और बर्फीली नदी में
अपने को आकण्ठ डुबो डाला।

मोक्ष-मुक्ति
या
जीवन-मरण से परे रह कर
आजन्म हिमदंश की
असह्य वेदनाओं का
आचमन करता रहा।

तुमने कहा—
यह रेत है
रेगिस्तान है, इसे पार करो

नंगे पाँव
नंगे बदन,
जेठ की तपती दोपहर में
रेत के उस जलते भाड़ में
अनाज के
अकेले दाने की तरह
भुनता रहा चुपचाप

तुमने कहा—
यह सागर है—अतल-असीम!
इसका अंतिम छोर छुओ!

मैंने अपनी टूटी पालदार नौका ली
और
सागर की अन्तहीन गहराइयों में
उसे डूबने के लिए
छोड़ दिया

तुमने कहा—
तुम्हारे सिर पर
यह नीला आसमान है,
इसकी ऊँचाइयों को मापो
मेरे पास
तुम्हारी तरह
पंख नहीं थे—अग्निसम्भव!
पाँव भी नहीं
न तुम्हारी तरह
अपने को जलाए रखने के लिए
अंतहीन आन्तरिक ऊर्जा ही,

फिर भी मैं
अपनी बौनी ऊँचाइयाँ लेकर
आकाश का विस्तृत वक्षस्थल,
अपनी नन्ही हथेलियों से चीरता हुआ
समय से लड़ता हुआ
बढ़ता रहा—
अपने शरीर के कण-कण के
राख होने तक
बढ़ता चला गया
सुनो,
अग्निसम्भव सुनो,
मैंने यह सब सहा,
जो तुमसे सहा न गया,
मैंने वह सब किया,
जो तुमने कहा—
इसलिए
जिन्दा रहने के लिए
अंजुरियों में
भर-भर कर
अपना ही रक्त पिया!

***

तुम भी

अपने
नन्हे हाथों से
तुम यह सागर उलीच दोगे तो
इस में रहने वाली
मछलियाँ
केकड़े
घोंघे
सारे जल-जन्तु
कहाँ जाएँगे?

ये जो सफेद पालदार नौकाएँ
तिर रही हैं।
सागर के वक्षस्थल पर
फिर ये कैसे खेलेंगी?

छोटे-छोटे मछुआरे
जाल लिए
तट पर कब से खड़े हैं

तुम यह सागर उलीच दोगे तो
ये
अपने जाल
कहाँ फैलाएँगें?

मोती सागर में ही मिलते हैं।
नदियों या जलाशयों में नहीं
तुम सागर उलीच दोगे तो
ये गोताखोर फिर कहाँ
डूबेंगे?
अब साँझ हो रही है
जाओ
तुम भी
अपने हाथों को समेट लो
जो जैसा है

उसे वैसा ही रहने दो!

***

क्योंकि

आदमी
और
पशु
के बीच
एक झीनी-सी
दीवार होती है
पशु
कपड़े नहीं पहनता
आदमी
कपड़े पहनता है
पशु
पुस्तकें नहीं पढ़ता
आदमी
पुस्तके पढ़ लेता है
पशु
भाषण नहीं देता—
शोषण नहीं करता
वक़्त आने पर

आदमी
वह भी कर लेता है
क्योंकि
वह आदमी है!

***

गाँव : चार चित्र

(1)

मिट्टी का घर
मिट्टी का आँगन
मि्टटी से सने बच्चे
खेल रहे हैं
नंग-धड़ंग एक नन्हा बालक
मेंड़ पर बैठा
सूरज की तीखी किरणों से
बचने के लिए
उल्टी हथेली माथे पर रखे
आँखें मिचमिचा रहा है
मैं
देखता हूँ—
मैली-सी उस फैली हथेली पर
भाग्य और उम्र की
रेखाएँ
खिंचने से रह गई हैं।

(2)

सारी रात जाग कर
कोई जुलाहा
खड्डी पर बैठा
रंग-बिरंगी
चादर बुन रहा है
आँखें धँसीं
पेट पिचका
नग्न देह पर
उड़ते कपास के कण बिखर रहे हैं
पसीना बह रहा है
मैं चादर नाप कर देखता हूँ—
यह
किसी और के माप की
बनी है।

(3)

सामने के खलिहान में—
एक बूढ़ा बाप
दुर्बल माँ
सींक-सी पतली बिटिया—
सुबह से भूखे
गोबर में से
अनाज के दाने बीन रहे हैं
मैं अन्न का एक दाना उठाकर
देखता हूँ—
उसमें उनके नाम की मोहर
लगने से
रह गई है।

(4)

बूढ़ा नाविक
जर्जर हाथ
बीच नदी में पतवार चलाता
काँप रहा है
नाव पर बैठे
ढेर सारे यात्रियों को
अपनी धुँधली निगाहों से
तौलता हुआ—
कुछ माँप रहा है
मैं देखता हूँ—
रेतीले किनारे पर पहुँच कर
यात्री उतर गए हैं
और वह
अपनी की तिरती नाव पर
रेत में
बैठा-बैठा
डूब रहा है।

***

मैं

समय ने
मेरी नहीं,
मैंने ही
समय की सृष्टि की थी

समय ने
मुझे नहीं
मैंने ही
समय को दृष्टि दी थी

समय के साथ
मैं नहीं,
मेरे साथ
कदम से कदम मिलाकर
समय चला,
सूरज
मेरे कन्धों पर उगा,
मेरी बाँहों पर
चाँद ढला,

जिधर मैं चला
उधर पथ बढ़ा,
वहीं सवेरा हुआ
जिधर मैंने देखा।
नदी का प्रवाह
लहरों में नहीं,
मैंने तय किया।

फूल कब खिलेंगे?
कब झरेंगे?
यह निर्णय भी
ऋतुओं का नहीं,
मेरा था

दिशाओं के दस नाम
मैंने दिए

जड़ में
चेतन का,
शब्द में
अर्थ का
अर्थ में
प्राण का संचार मैंने किया

मृत्यु को जीवन
जीवन को सत्य
सत्य को
शिव
मानकर
मैं
जिया!

***

ब्रह्मपुत्र : कुछ साए

हरी
लहरों में
थिरकती नाव
काँच के
हरे किनारे से दूर
बहुत दूर
बहुत-बहुत दूर
निकल आयी है

अरुण-आभा के
उस पार से झाँकते
सफेद सूरज का पारदर्शी प्रतिबिम्ब
पानी की
रेशमी सिलवटों में
मछली-सा तिरता
घिरता
झिलमिलाता
हीरे की
हजार कनियों की तरह

हजार रूपों
रंगों में
चमक रहा है
ज्यों-ज्यों
नाव आगे बढ़ती है
जल में उलझा
मुट्ठी भर किरणों का जाल भी
नौका के साथ-साथ
डूबता
उतरता
सरकता
चला जा रहा है—
उस छोर तक
जहाँ धरती-आकाश की
धुँधली-सी
सीमा-रेखा है
ऐसी असीमित सीमा-रेखा
जो
उन्हें तोड़ती-जोड़ती
एक कर जाती है
एक हो जाती है
तुम और तुम्हारे सपनों की तरह
तुम और तुम्हारे यथार्थ की तरह
तब
वह
तुम और तुम्हारा नहीं
मैं और मेरा नहीं
हम और हमारा
यथार्थ
बन जाती है।

***

दूरी

स्वर्ग
की दूरी
मेरे हाथों की
दूरी से अधिक नहीं
इसलिए
लगता है
जब भी
हाथ
ऊँचे करूँगा
तुम्हें
छू लूँगा।

***

नर-मेध

मैं तो अकेला खड़ा हूँ
हाथ बाँधे
सिर झुकाए—
नंगा
जिबह होने के लिए

पर
यह तो बतलाओ
इन दुधारी तलवारों से
मेरी देह
कब तक छीलोगे?

इन पैने नाखूनों,
आरी-जैसे
धारदार दाँतों से
मेरा
मांस
कब तक नोचोगे?

उन्माद में अंधे होकर
इतना न नोचो
इतना न छीलो
कि
मैं मैं न रहकर
मात्र रक्त सनी हड्डियों का
ढाँचा रह जाऊँ!

सोचो,
मैं ही न रहूँगा मैं
तो फिर बदला किससे लोगे?
अपना आक्रोश
किस पर प्रकट करोगे?
अपनी रक्त-पिपासा
किस पर बुझाओगे?

इतना तो जीने दो मुझे
कि
मैं साँस ले सकूँ
हिल-डुल सकूँ
और
तुम नर-मेध की
अपनी आदम प्रवृत्ति
अनन्त काल तक
जीवित
रख सको!

***

कोई

उठो,
कब तक सोओगे
कोई द्वार पर खड़ा
टेर रहा है

उठो,
कब तक सोओगे
कोई आँगन में खड़ा
घर घेर रहा है

उठो,
कब तक सोओगे
कोई सरहद पर खड़ा
बारूद बिखेर रहा है

उठो,
कब तक सोओगे
कोई तुम्हारे गले पर
तुम्हारी ही छुरी फेर रहा है!

***

ओस्लो

रात की रंगहीन चादर
आधी सिमट चुकी है
पर अभी भी
बर्फ के सफेद वृक्षों की
उजली शाखाओं पर
पारे की परत
चढ़ी है

अभी भी
धरती की हरीतिमा में
धुँध की तरह
बिखरा उजास है

अभी भी
सागर की सतह पर
पालदार नौकाएँ
किनारे से दूर
बहुत दूर
तिरती चली जा रही हैं—
हवा के साथ-साथ
हवा की तरह

अभी भी
शहर सोया नहीं
हौले-हौले
करवट लेता हुआ
अस्तित्व का अहसास
जगा रहा है

अभी भी
जल-पाखी
हवा को सहलाते हुए
एक मधुर-सी
करुण ध्वनि के साथ
तट पर मँडरा रहे हैं।

अभी भी
तीर की तरह सनसनाती
रंग-बिरंगी कारें
धुली-पुछी शान्त सड़कों पर
दहशत-सी पैदा कर रही हैं

इक्के-दुक्के जोड़े
अभी भी
एक-दूसरे से सटे
एक-दूसरे के बीच की दूरी
कम करते हुए
घर की दूरी
कम कर रहे हैं

अभी भी
कुछ खुली खिड़कियों से
पीला कुहासा
ठंडी धूप की तरह
फैल रहा है

यह धरती के साथ जुड़ी
एक अलग धरती है
जहाँ रात की तरह
रात नहीं होती
दिन की तरह दिन नहीं ढलता
तारे नहीं झिलमिलाते

साँझ घिरते ही
दीये नहीं जलते
लोग किवाड़ मूँदकर
सोने नहीं चले जाते
जागते से सोते
रहते हैं

समय
जब समय नहीं रह जाता
समय का पर्याय बन जाता है
तब
एक नये स्वप्न की सृष्टि
होती है
समय की एक नयी परिभाषा
समय का
साथ देती हुई
समय की
सीमाएँ लाँघ जाती है।

***

मेरे शहर के पत्थर

मेरे
शहर के पत्थर
आदमी की तरह
अभागे हैं
आदमी की तरह
जागते
आदमी की तरह
सोते
आदमी की तरह
आदमी का घर तोड़ते
सिर फोड़ते—
आदमी की तरह
आदमी के
लहू के
प्यासे हैं।

***

अहसास

किसी भी
जल से
जलाशय से
मुझे अब
क्यों हो कोई शिकायत
तुमने तो
स्वाती
की
दो
बूँदों के बदले
स्वाती का
सागर ही दे दिया है

दे दिया है
उड़ने के लिए
अनन्त आकाश
पावन प्रकाश
एक ऐसा अहसास

जिस के
आगे
स्वर्ग की
ऊँचाइयाँ भी
अब
बौनी
लगती हैं।

***

जंगल

अपने आँगन में,
मैंने
जो वृक्ष उगाए थे,
तुमने
नोच-नोच कर
उखाड़ डाले
तुम्हें भय था
वृक्ष उगेंगे तो
जंगल भी उग आएँगे
और
एक दिन
हिंस्र-पशुओं के पर्याय
बन जाएँगे
पर,
जो वृक्ष
तुम्हारे अन्दर उग रहे हैं
जो
हिंस्र-पशु

उन में पल रहे हैं।
उनका क्या होगा?
जंगल तो जंगल होता है
जंगल में ही नहीं
मन और मस्तिष्क
में भी
पनपता है

पर,
बाहर के जंगल
से भयावह होता है—
भीतर का जंगल
बाहर के
पशु से
डरावना होता है—
भीतर का पशु
जो सारी चेतना को
पशुवत बनाकर
आदमी की शक्ल को
अपनी ही
शक्ल में
ढाल देता है।

***

उस सीमांत तक

जन्म-जन्मान्तरों की
तपस्या के पश्चात्
हमने
जो सूरज उगाया था
लगता है
कटी पतंग की तरह
किसी सूखे वृक्ष की
टूटी टहनी में
अटक गया है
अब न सुबह होती है
न दिन
न अँधेरा
न रात का ही घेरा
लगता है
समय रुक गया है

स्वप्न ठहर गया है
अनिर्णय की

अनिश्चय की
यह त्रासदी
अविवेक के अधरों पर अटका
यह भवितव्य
किसी दुःस्वप्न की तरह
दैत्याकार खड़ा है

जब न भूत होता है
न भविष्य
न वर्तमान
तब जो चौथा काल
शुरू होता है
वह किसका
प्रतीक होता है
यह तो समय ही बतलाएगा
पर
यह रुका हुआ समय
ठहरा हुआ काल
जो स्वयं में एक
प्रश्न बन गया है
भला किसी प्रश्न का
क्या उत्तर दे पाएगा?

अँधेरे से
अँधेरे का समाधान नहीं होता
पर यदि
समाधान ही चाहते हो तो
अँधेरे से दूर
उजाले से दूर
उस सीमान्त तक जाना होगा।

जो कल्पान्त का
किसी अज्ञात
अनाम
प्रलय का
प्रतीक हो!

***

क़ाग़ज पर

कोरे क़ाग़ज पर
रंग-बिरंगी रेखाओं से
मैंने अनेक
सूरज उगाए,
सुरमई बादलों की सृष्टि की,
अल्हड़ नदियों का
पारदर्शी जल
दूर-दूर तक बिखेरा।
हथेली-सी
नाजुक घाटियों में
हरी-भरी मुलायम दूब उगाई।
नंगी पहाड़ियों पर
नन्हे-नन्हे पौधे रोपे।
क़ाग़ज के
एक छोटे टुकड़े पर
मैंने
यह सब रच डाला
जो रच सकता था—

एक फूल
तुम
और नीला आकाश
नीला आकाश
आकाश में नहीं,
सचमुच मेरे पास था,
मेरी आँखों के सामने।

तुम्हारी नंगी पीठ की तरह
उसे
मैं सहला सकता था
फूल की महक
यानी तुम्हारी देह-गंध
मैं छू ही नहीं
अपनी मुंदी आँखों से देख भी सकता था

गंध का भी
रूप होता है,
और रंग भी—
मैंने पहली बार जाना था।
क़ाग़ज पर खिंची रेखाएँ भी
बोलती हैं
उनमें भी स्पन्दन होता है
मैंने
पहली बार पहचाना था।

शब्द जब बोलने लगें
अपने होंठ खोलने लगें
और
क़ाग़ज पर

अंकित आकृतियाँ
खुले मैदान में
चहकते चूजों की तरह
दौड़ने लगें
तब क़ाग़ज क़ाग़ज नहीं,
बल्कि समूची ज़िंदगी का ही
एक पृष्ठ बन जाता है।

पर
पृष्ठ बनने से पहले ही
नटखट बच्चे की तरह
तुमने उसे
नोच-नोच कर
पानी में बिखेर दिया है
उन गले हुए
क़ाग़ज के तैरते टुकड़ों में
जब कुछ नहीं रह जाता,
तब भी मुझे
एक आकृति दीखती है
एक गंध
एक स्मृति
एक दंश!

***

पास ही उगाने के लिए

हाथों में
नुकीले पत्थर लिए
बदहवास-से लोग
इधर-उधर भाग रहे हैं
कह रहे हैं—
हमें एक ऐसे व्यक्ति की तलाश है
जिसकी
बलि चढ़ा सकें
जिसे ईसा बना सकें

समाज
हमारा है
संस्कृति—
हमारी
नीति
धर्म
अध्यात्म—
सब हमारे हैं

फिर
किस अपराध की
किस को
क्या सज़ा दें

यह हक भी हमारा है
सत्ता को
चुनौती देना
सत्य को चुनौती देना है
मान्यताओं को नकारना—
मूल्यों की अवमानना का ही
दूसरा नाम है—
द्रोह
द्रोह की सज़ा
मौत की सज़ा होती है
मौत की
सज़ा देने के लिए
हमें
आज
एक ऐसे व्यक्ति की तलाश है
जिसके पास
ओढ़ने के लिए
कोरा कफ़न हो,
बिछाने के लिए
आग की चादर
चलने के लिए
अंगारों-जैसी धधकती कँटीली कीलें
चौड़ा कन्धा हो
सलीब को उठाने के लिए

दोनों
दिशाओं में
दूर तक फैलाने के लिए
दो बँधे हुए हाथ—
उसीको हम
दो हाथ जमीन देंगे—
चौड़ी-चौड़ी शिलाएँ
उसकी
मृतक देह के ऊपर
सजाने के लिए
और
देंगे
पास ही उगाने के लिए
दो फूल!

***

ऐसा भी होता है

कभी-कभी
ऐसा भी होता है
नन्ही-सी
उड़ती चिड़िया
तार पर बैठ
हँस जाती है

पाँवों पर
उलझी रस्सी
अँधियारे में डँस जाती है

ऐसा भी होता है!

***

सिर्फ़ समय

आग का दरिया
लहू का दरिया
पानी का दरिया
अब मुझे सब समान लगते हैं

पानी के बदले रेत
रेत के बदले लहू
लहू के बदले आग

तुमने
टुकड़े-टुकड़े में विभाजित कर
मेरी आस्थाओं को
अविश्वास के
कफ़न में ढँक कर
उस अतल अँधेरी खाई में
दफना दिया है
जहाँ मैं चीख भी न सकूँ।

पाँव तो मेरे पास भी थे,
चलने के लिए राहें
और देखने के लिए दृष्टि भी
पर
क्या पता था
प्रतिदान में
ऐसा जहर भी मिलेगा
कि
मेरे विश्वासों का वट-वृक्ष
विष-वृक्ष
का रूप लेकर
मेरी देह पर ही
फलने-फूलने लगेगा
जब आदमी की
कराह नहीं सुनाई देती
तब भी कहीं वह
कराहता है
जब दृष्टि साथ छोड़ देती है,
तब भी कहीं वह
देखता है

अपनी ही खंडित देह को
अपनी ही आँखों से
देखता हूँ तो
फिर कोई सवाल-सवाल नहीं रह जाता
मेरी मुट्ठी में भिचा
सारा मरु उद्यान
एक मरीचिका बन जाता है

बुझे दीये की भी लौ होती है
बन्द साँसों का भी स्पन्दन
जितनी दूर तक
क्षितिज आँखों से
दिखलाई देता है
उससे परे भी सृष्टि होती है
किन्तु
तुम्हें पता नहीं
अपने हाथों
अपना ही संसार
तुमने स्वयं इतना समेट लिया है कि
शायद
उसमें तुम स्वयं भी
न समा सको
अपने को ही
खोजने के लिए
तुम्हें किसी दिये की
ज़रूरत पड़े
अपनी ही प्रतिछाया से
तुम्हें इतना भय
लगने लगे कि
तुम स्वयं को ही नकारने लगो

घड़ी की दो सुइयों के बीच
बँधा समय
जब ठहर जाता है
तब
आकाश में उगने वाला सूरज
स्वयं ही
अपनी परिक्रमा करता हुआ

जमीन पर घिसटता
दम तोड़ने लगता है

हवा
साँस लेने के लिए छटपटाती है
अतृप्त नदी
अपना ही जल पीने के लिए
अपने दो सूखे होंठों के
किनारों को
किनारे की
तपती रेत में
धँसा देती है

किसी की प्रतिमा को
तोड़ने के प्रयास में
तुमने
अपनी ही प्रतिमा को
खंडित कर
अपने ही आगे
एक प्रश्नचिह्न खड़ा कर दिया है
जिसका उत्तर
मैं नहीं
तुम नहीं
सिर्फ़ समय लेगा

जिसका उत्तर
मैं नहीं
तुम नहीं
सिर्फ़ समय देगा!

***

दोनों से दूर

साँप और धन
सहोदर हैं—
बचपन में सुना था कभी
जहाँ साँप होता है,
वहाँ धन!
जहाँ धन होता है
वहाँ साँप!

पर मुझे न साँप का साथ
रास आता है,
न धन का
इसलिए साँप और धन
दोनों से
रहता हूँ दूर—
अपने में भरपूर!

***

अपने ही दंश का दर्द

शीशे के
सामने रखे शीशे में
जैसे
अनेक आकृतियाँ दीखती हैं,
वैसे ही
तुम्हारे चेहरे के भीतर
मैंने
अनगिनत चेहरे देखे हैं

एक ही चेहरा
एक ही समय में
एक साथ
रोता ही नहीं
खिलखिलाकर
हँसता भी है

एक ही भाव
एक ही समय में

एक साथ
झलकता ही नहीं
धूप-छाँह की तरह
ओझल भी हो जाता है
एक ही रंग
एक ही समय में
एक साथ निखरता ही नहीं
बिखरता
भी चला जाता है

एक ही रंगमंच पर
एक ही समय में
एक साथ
अनेक भूमिकाएँ
निभाते हुए
जब तुम्हें देखता हूँ
तो सोचता हूँ
तुम्हारा चेहरा ही
नहीं
तुम्हारे हाथ
तुम्हारे पाँव
तुम्हारी आँखें
तुम्हारा
सारा शरीर ही
एक चेहरा बन गया है

चेहरा ही
आदमी का
असली चेहरा बन जाए
तो

उसे क्या कहोगे?
अपने ही
दंश का दर्द
कैसे
सहोगे?

***

जीने के लिए

जीने के लिए
एक
आकाश चाहिए
एक आकार
जो
कभी सच भी
हो सके

जीने के लिए
एक प्रकाश
चाहिए
एक धुँधला-सा धुआँ
जो
कभी चमक भी सके

अँधेरा अधिक हो तो
फिर
अँधेरे से
भय नहीं लगता

पर
जीने के लिए
कुछ भय भी
चाहिए,
कुछ
संशय भी।

***

तुमने कहा था

अपनी हथेली पर
तुम्हारे लिए
मैं
एक ऐसा घर बनाऊँगी
जो
स्वर्ग से बड़ा होगा

अपनी हथेली पर
मैं
तुम्हारे लिए
एक
वृक्ष लगाऊँगी
जो
कल्पवृक्ष बनकर
खड़ा होगा

तुम्हारे लिए
मैं

एक ऐसे संसार की सृष्टि
करूँगी
जो सृष्टि से भी
परे होगा
तुम्हें मैं
एक ऐसी दृष्टि दूँगी
जिसे
किसी भी दृष्टि से बाँधना
सम्भव न होगा
जिसकी असीम ऊँचाई को,
जिसकी अतल गहराई को
मापना सम्भव न होगा

नदी के
नीले जल की तरह—
निर्मल
पारसमणि की तरह
उज्ज्वल
मैं
तुम्हें एक ऐसा सत्य दूँगी,
एक ऐसा शब्द दूँगी,
जो शब्द होकर भी
ब्रह्म होगा,
ब्रह्म होकर भी
परब्रह्म—
मैं तुम्हें
ऐसा यथार्थ दूँगी
तुमने कहा था!

***

आग की फसल

हर शहर
हर गाँव
हर गली
हर घर
से
आह की
कराह की
दबी सिसकियों की
आवाज़ें आती हैं
कभी सुनी तुमने!

आखिर
इतना भी क्या दुःख है
कि
आदमी उसे सह न सके
दिल खोलकर कह न सके

अपनी झोली से
मुट्ठियाँ भर-भर कर चिंगारियाँ

तुम
खेतों में
बिखेरते चले गए

अन्न के बदले
आग की फसल
उगाते रहे

हर घर के आँगन में
हरे-भरे गमले में
खिलते-मुस्कराते
फूलों की जगह
धधकते अँगारे रख दिए हैं
शोभा के लिए!

जिन
साफ-सुथरे रास्तों पर
गाँव के नंगे
अधनंगे
नन्हे-नन्हे बच्चे
नंगे पाँव
चल लिया करते थे—
जिन पोखरों पर
कपड़े उतार कर
सहज भाव से नहा लिया
करते थे

दूब से ढके
जिन मैदानों में
खरगोश की तरह
कुलाचें भरकर खेल लिया करते थे

वहाँ-वहाँ तुमने
सेंवार और काँटे बिखेर दिए हैं
कि वे चल भी
न सकें

जो पोथियाँ
तुमने पढ़ने के लिए दीं
कि
दो अक्षर वे भी पढ़-समझ लिया करें—
तुम्हारी तरह
पर
उनमें ऐसा कुछ भी नहीं लिखा
कि
जिस से वे जी सकें

तुमने
अपने ही देश में
उन्हें अजनबी बना कर
अपने ही घरों से
निर्वासित कर दिया—
अपनी ही
देहरी पर...
बन्दी बनकर
जनम-कैद की सजाएँ
सुना डालीं—
यही एक अपराध उनका था कि
उनका कोई भी अपराध नहीं था

इसी अपराध के लिए
तुम उन्हें

तरह-तरह की यातनाएँ
यंत्रणाएँ
देते रहे
क्योंकि तुम अन्नदाता थे
त्राता थे,
तुम्हारे निर्मम हाथों में सत्ता के
चाबुक थे
तुम्हारी जिह्वा पर
व्यवस्था का दंश
और आँखों में
पद का मद था
तुम स्याह को सफेद
सफेद को स्याह कर सकते थे
दिन को रात
रात को दिन में
बदल सकते थे
क्योंकि तुम
कुछ न होते हुए भी
सब कुछ थे।

***

अधरों से

पँखुड़ियाँ
छूते ही
तुम्हारी याद की सिहरन
सहसा
देर तक देह को सहलाती रही
मैं कुहासे के उस पार
दरिया के शोर के पीछे
उस छूटे हुए शब्द को
अपनी उनींदी आँखों से
खोजता रहा
जो
तुषार से नहाई
किसी उजली-सी रात में
तुम्हारे तप्त
अधरों से
कहीं गिर पड़ा था
सीपी की खोज में
मोती-सा!

***

क्या तुम

क्या, तुम,
दूसरों के पाप का भार
ढो सकते हो?
आँखों में
आँसू लाये बिना
रो सकते हो?

क्या तुम
खुली आँखों
सो सकते हो?

क्या तुम
हथेली पर बीज
बो सकते हो?

तुम अपने लिए
कफ़न सी नहीं सकते
तो
जी भी नहीं—

मर भी नहीं—
कुछ कर भी
नहीं सकते!

***

कभी-कभी

इतनी
बरसात के बाद
भी
आकाश नहीं भीगा
यह
सच नहीं है

यह
सच नहीं है
कि
हमेशा
बादल ही गरजते हैं
बादल ही बरसते हैं
कभी-कभी
आकाश भी गरजता है
आकाश भी बरसता है
बूँद-बूँद रिस कर
ही

कभी-कभी
ऊफान ही नहीं
तूफान ही नहीं
महा प्रलय
भी
ला
देता है।

***

बेघर

धरती पर
स्वर्ग की कल्पना
साकार करने के लिए
मैंने भी
फूलों का घर
बनाया था
पर
यह नहीं सोचा कि
कल
फूल मुरझाएँगे तो
घर भी
मुरझा जाएगा

बचपन में
नदी के किनारे
गीली रेत पर घरौंदे बनाये थे
एक छोटा-सा द्वार,
धूप और हवा के लिए—

दो नन्ही खिड़कियों को
धूप की नन्ही-नन्ही बाँहें
अभी
छू भी न पातीं कि
अपना ही कोई साथी
आततायी बन कर
आता
और
घर तोड़ कर चला जाता।
तब आँखों में आँसू होते थे
आँसुओं के साथ-साथ
अंगारे भी।

पर
बिना घर का आदमी
सारी ज़िंदगी—
आँधी, तूफान, वर्षा, घाम में
कैसे जिएगा?
अपने दर्द के पैबन्द
कैसे सिएगा?
यही सोचकर
समाज ने एक दिन
फिर से
घर बना कर दिया—
किन्तु शीशे का,
और
घर के सामने जान-बूझकर
कुछ पत्थर भी रख दिए

वे ही पत्थर
एक दिन

फिर किसी आततायी के हाथ में थे
कई लोग
उसके साथ थे
पर
इस बार
मिट्टी में मिला
काँच का घर
मेरी आँखों में,
आँसू न ला सका,
न आक्रोश—
न
अंगारे ही।
शायद इसीलिए कि
अब मैं बड़ा हो गया था।
और मुझ से भी
बड़ा हो गया था—
मेरा समाधान
कि
आँसू और आक्रोश
मन के हैं—
दोष
आक्रोश पी लेना
आँसू पी लेना
लहू पी लेना
सब समान हैं
इसलिए
फूलों के घर
रेत के घर
शीशे के घर—

एक दिन
सब जाते हैं मर।
जब तक
आततायी हैं—
दुनिया ही है
बेघर!

***

तब

क़ागेरा के
छोटे-छोटे सैंवारी
द्वीप
यंत्र-चालित
रंग-बिरंगी नौकाएँ
किनारे की लहरों में
हिचकोले खाती

हर घर के
दूधिया द्वार पर
रक्ताभ
पीत
पुष्प

निर्जन
अँधेरे वनों से दूर
खुली खिड़की की
तरह

खुला आकाश
स्वच्छन्द
सुनहरा प्रकाश

उस पार—
एक और झील
नीली झील
स्वर्ग की किसी
चट्टान
पर
खड़े होकर
नीचे
एक और स्वर्ग
झाँकने की अनुभूति

तुम्हारी
उदास आकृति
खोई-खोई दृष्टि
हवा के ठण्डे
झोंके से
काँपती देह

अपनी मोम-सी सफेद
हथेली पर
चमकदार कंकणों को
बीनते हुए
तुमने
जिस भाषा में
जो कुछ कहा
उसे

न समझ पाने के बावजूद
मैं
समझ रहा था—
क्योंकि
तब
तुम्हारे होंठ नहीं
तुम्हारी
आत्मा बोल रही थी
तुम्हारी खुली हथेली पर
मात्र कंकण नहीं
पत्थर नहीं
नक्षत्र
नीहारिकाएँ
और
कई आकाश थे
और
साकार होकर भी
तुम
कहीं निराकार थी—
उस झील
उस पहाड़
उस पेड़ की तरह
निसर्ग
का एक भाग
नहीं-नहीं
स्वयं
निसर्ग बन गई थी

ढलते सूरज की
निष्ताप

किरणों से बिंधी
अपने में डूबी
आज भी जब कभी
वहीं खड़ी दीखती हो
उसी तरह क्रागेरा के उसी तट पर
उस काली
चट्टान पर
जिस पर
काल ने
किसी के सौभाग्य का
कोई
शिलालेख
अंकित कर
फिर मिटा दिया
स्लेट के अक्षरों की तरह
तब न जाने क्यों
तुम्हारे अनकहे शब्दों के अर्थ
और
अर्थ के
अनेक आयाम उभर
उठते हैं!

***

पत्ता

पत्ते को
उलट-पलट
कर
देखा—
उस में
दूर तक फैली जड़ें थीं
तना था
शाखाएँ थीं
टहनियों पर
ढेर सारे
पत्ते थे
फिर भी
वह केवल
अकेला
पत्ता
था!

***

इस युद्ध में

महाभारत के
इस युद्ध में
भले ही
तुम जीतो
पर
हार
तुम्हारी ही होगी
क्योंकि
युद्ध
हमने कराया है
इसलिए
इसका निर्णय भी
हमें करना होगा
नियति ने
तुम्हें
क्या दिया
कितना दिया
इससे हमें

कोई सरोकार नहीं
सच तो यह है कि
जीवनभर
दुर्भाग्य
का
सामना
तुम्हें ही करना होगा
क्योंकि
नियंता हम हैं
हमारा ही फैसला
आखिरी फैसला होगा।

***

कब सोचा था

मेरी
हथेली पर रखा
तुम्हारा दिया
यह
लाल फूल
अंगारा भी बन जाएगा
कब सोचा था
कब सोचा था
आस्था की यह पतली-सी डोर
जो
विश्वास के किसी
विश्वस्त क्षण में
मैंने बाँधी थी
मुझ से ही विश्वासघात कर बैठेगी।
साँप बन कर
मुझे ही डंसने लगेगी
कब सोचा था
कंदील

की
यह काँपती लौ
जो
मन के उजियाले के लिए
मैंने
मन के किसी (अंधियारे)
कोने में जलाई थी,
मन को ही नहीं,
तन को भी
राख कर डालेगी—
कब सोचा था!

***

नियति

बित्ते भर का
यह रूमाल
चादर नहीं बन सकता
चादर
तभी बन सकता है
जब तुंम
इतने छोटे हो जाओ
कि इसमें समा सको।

***

समय बतलायेगा

समय
थमा तो नहीं
हाँ
समय की गति
बदल गयी है
समय की गति बदलती है
तो
ज़िंदगी एक नयी परिभाषा में
ढलने लगती है
जीने का अर्थ
तब
वह नहीं रहता
जो रहना चाहिए
यानी
जो नहीं रहना चाहिए था
वही रह जाता है
जो
नहीं होना चाहिए था

वही
हो जाता है
तसवीर का एक और पहलू
अधिक उजागर होने लगता है
अँधियारा
और अँधियारा
इतना अँधियारा कि
अल्पमत वाला अवसरवादी प्रकाश भी
अँधियारे का साथ
देने लगता है
और
अन्त में
एह क्षण वह भी आता है
जब अँधेरा
मन में ही नहीं
तन में भी
कालिख की तरह पुत जाता है
कालिख की लम्बी लकीर
की तरह
जहाँ-जहाँ
आदमी जाता है
वहाँ-वहाँ
कदमों के काले निशान
छोड़ जाता है
इतिहास की
सफेद चादर पर
ये काले निशान
किस इतिहास के साक्षी होंगे
समय
बतलाएगा!

***

जब कभी

जब कभी तुम्हें
पूजा का स्वाँग करते
दूसरों के दर्द में
आहें भरते
बात-बात पर
भगवान से डरते देखता हूँ
तो लगता है
दानव कहीं और नहीं
साये की तरह
तुम्हारे ही साथ बैठा है
तुम्हारी यह अर्चना/आराधना/शव-साधना
सब
तुम्हारे लिए है
दूसरों के शवों पर पाँव रखकर
तुम
जिस ऊँचाई को
छूने का प्रयास कर रहे हो
वह

स्वर्ग की ऊँचाई नहीं
नर्क की ही गहराई
गहरी
खाई है!

***

सूखी नदी में

रक्त सना
पर-हीन पक्षी
फड़फड़ाता हुआ कुछ सोच रहा है

सूखी नदी में
तड़पती मछलियों को
नुकीली चोंच से
कोई नोच रहा है

कसाईघर की तरफ़
निरीह पशुओं को
हाँकता हुआ
कोई जिबह कर रहा है

जब-जब मरता हुआ
मनुष्य देखता हूँ
लगता है—
कोई मनुष्य ही
मनुष्य के माँस से
उदर भर रहा है।

***

इतिहास

ज्यों ही रात घिरती है
अपने सीने पर
तुम्हारे दौड़ते हुए घोड़ों की
असंख्य टापें
मुझे साफ सुनाई देती हैं
उड़ती हुई धूल
जलती हुई मशालें
हवा में लहराती
रक्त से सनी तलवारें
कटे हुए सिर
खुली हुई हथेलियाँ,
पत्थर से दबी तितलियों की तरह
फड़फड़ाती निरही आँखें
काँपते हुए होंठ,
दम तोड़ती असंख्य देहें
बहरे ब्रह्माण्ड में गूँजती
एक भयंकर चीत्कार—
मेरी अन्तश्चेतना की

सारी दीवारें चीरकर
मुझे अन्धा बना देती हैं
सदियों से यही सिलसिला है
कापालिक की तरह
हर रात तुम आखेट के लिए जाते हो,
हर रात रक्तपान कर,
विजयी योद्धा की तरह, धरती रौंद कर
चले जाते हो
अतीत तुम्हारा था,
वर्तमान तुम्हारा है,
भविष्य भी तुम्हारा ही होगा
क्योंकि इतिहास के सारे पृष्ठ
अंधे समय ने
तुम्हारे नाम अंकित कर दिए हैं
इसलिए जो तुम कहोगे,
वही सच होगा
जो तुम करोगे,
वही यथार्थ
क्योंकि
इतिहास अब तुम्हारा है
तुम्हारा ही इतिहास!

***

आकाश (एक)

आकाश मुझे दे दो
धरती तुम ले लो
मैं तो हूँ ही
पर्याय शून्य का,
पर अंक तुम बनो।

***

आकाश (दो)

आकाश,
यों कब तक
अधर में लटके रहोगे
निराधार
चलो,
घर चलें
वहीं दीवारों/दरवाजों वाला
घर बनाएँ
टिमटिमाते सितारों वाली
छत
उसी में
अपना एक अलग
ब्रह्माण्ड रचें—
ऐसी एक दुनिया
जिसका
अपना एक आधार हो
अपना एक
अलग आकाश!

***

साया

मन बोझिल है
एक बोझ-सा
चल रहा है साथ-साथ,
अरे,
यह तो अपना ही साया है
तभी तो इतना
भारी है।

***

सारी सदी

सारी सदी का दुःख
मैं झेल रहा हूँ—
आग बनकर
आग से खेल रहा हूँ
क्या जलाओगे तुम मुझे,
मैं तो कब का
जल चुका हूँ।

***

कालिख

हमें इतिहास नहीं चाहिए
क़ाग़ज के उन काले पन्नों में
क्या रखा है?
जब जीवन में ही
इतनी कालिख है
तो फिर—
उजास के सपने बुनना
कितनी नादानी है!

***

कभी

सारी रात
चलने के बाद भी
मैं
वहीं पर खड़ा हूँ
जहाँ से चला था
शायद
उस सूरज की प्रतीक्षा में हूँ,
जो वहीं से उगेगा,
जहाँ से ढला था—
कभी।

***

जन्मदिन

कल
चलते समय
बाजार से खरीद लाया था—
कुछ क्षोभ,
कुछ दुख,
कुछ पीड़ा—
उपहार के रूप में
स्वयं को देने के लिए,
कल मेरा जन्मदिन है न!

***

बीज

अब
बीज बोने से
बीज ही उगेंगे
पौधे नहीं
पौधे कहते हैं—
बीज को अंकुरित करने,
पनपाने, बीज बनाने के बाद
फेंक दिए जाने का दुख
हम क्यों झेलें?

***

तुम

रोटियों के साथ-साथ
तुम
अंगुलियाँ भी
चबा कर खा रहे हो!
बिना अंगुलियों के हाथ
अच्छे नहीं लगेंगे
इसलिए
स्वयं को निगलने की
कोई और
प्रक्रिया ढूँढ़ो
अब!

***

सेल्युलर की शाम

अंकुर-से
उग आए हैं देह पर,
हथेली पर रखा सूरज
बारिश की बौछारों से
काले कोयले की तरह
बुझ आया है

अंधेरा अपनी फटी चादर
आज अभी से
पसारने लगा है
इस भयावह उमस में
वह भी थक गया है शायद।

***

प्रति सत्य

सूरज
निगलकर
क्या करोगे?
जहर
उगलकर
जी सकोगे?
इसलिए कहता हूँ—
सूरज को
आकाश में उगने दो
अन्तर को
गरल से
मथने दो,
ताकि तुम जी सको।

***

अन्तहीन अंधेरा

उदास है शाम
उजास नहीं कहीं
रेल के पहियों पर थिरक रही
यह ज़िंदगी
रूकेगी कहाँ?
अन्तहीन अँधी गुफाओं का भी
कहीं होता है इतिहास।
पर अंधेरा,
और अंधेरा
इतना अंधेरा
अंधेरा इतना—
अंधेरा ही अंधेरा।

***

बीच का सत्य

आग और पानी
के बीच भी
कुछ होता है।
आग और आग
पानी और पानी
के बीच भी।
पर
मुझे मात्र मुक्ति नहीं,
बंधन और मुक्ति
के बीच का
सत्य चाहिए।
शिव और सौंदर्य
के बीच का सत्य
सत्य और सत्य के
बीच का सत्य!
मात्र सत्य नहीं।

***

वह कौन है

पर
वह जो
आ रहा है,
वह मैं तो
नहीं!
फिर मैं यह
किसकी
मशान की
आग जला
रहा हूँ?
वह कौन है?
जिसकी मौत
मैं मर रहा हूँ।

***

बँटवारा

आकाश भी बाँट लिया
तुमने
जैसे–
खेत-खलिहान बाँटते हैं
घर-द्वार बाँटते हैं
मैंने तो सोचा था
तुम कभी किंचित दुख बाँटोगे,
कहीं ओस की बूँद की तरह
छिटका सुख मिलेगा तो
उसे भी मोती की
तरह बीन-बीन कर
मेरी रीती झोली में
भर दोगे
पर तुमने तो सुख नहीं
दुख नहीं
दर्द से दुखते मेरे
ही जिस्म को बाँट डाला
बलि के पशु की
तरह।

***

उजास

इतनी सुन्दर चाँदनी है,
चादर को ही
भिगो लें इसमें
खूँटी पर फैला देंगे,
शायद
घर के किसी कोने में
किंचित उजास हो।

***

अग्नि-स्नान

आग की आँधी आ रही है,
डरो नहीं,
उठो।
तुम भी एक बार स्नान कर लो
आग में।
कुन्दन बनना है,
तो तपना भी है,
गलना भी,
तिल-तिल जलकर
जीना भी।
और जी-जी कर
मरना भी।

***

हितैषी

हितैषी आया था,
मेरे सुख के लिए
मेरा सिर काट कर
ले गया यह कहता हुआ—
जब आँखें ही नहीं रहेंगी
तुम्हारे पास
तो
दुख कैसे देखोगे?

***

पिता

पिता नहीं अब,
वह हाथ भी नहीं,
जिसे थाम कर
चल सकूँ।
अपनी ही अंगुली पकड़ कर
चलता हूँ अब—
अपने घर से
अपने घर तक
पहुँचने के लिए!

***

धुँध

धुँध उदासी का
मैं ही तो खरीद कर लाया था
हाट से।
उजली हँसी के साथ मिला था मुझे,
हरी मिर्च/पोदीने की तरह
उसने मेरी झोली में
यों ही डाल दिया था।

***

चलो

चलो
असत्य के घर चलें
पूछें उससे—
इन कुछ वर्षों में
तुम कितना फले-फूले
तुमने जो अर्जित किया
क्या वह
तुम से बड़ा हो गया?
जिसे पाला-पोसा तुमने
क्या
वह
अपने पाँवों पर
खड़ा हो गया?

***

आल्पस में

हिमालय
मैंने तुम्हें
आज आल्पस में भी
देखा था
चमचमाती
सफेद धूप में—
चूने की तरह
किसी ने बिखेर दी थी ठंडी राख
तुम्हारे नंगे बदन पर
और
तुम संन्यासी-से लग रहे थे—
साधना में लीन
पर
तुम्हारी मुँदी पलकों पर
कुछ प्रश्न थे—
कहीं-कहीं शरीर पर रक्त के
लाल छींटें भी
तुम्हारी अनकही व्यथा

तुम्हारे नयनों से पिघल कर
बह रही थी
आतंकवाद से छलनी हुआ
तुम्हारा बूढ़ा शरीर
क्या यहाँ भी
कराह रहा था।

***

मैंने देखा है

मैंने
पत्थरों पर पाँव उगते
देखे हैं—
पँख देखे हैं—
भारी-भारी शिलाओं की
बाँहों में फड़फड़ाते,
सागर को रेत बनते
खेत बनती नदियों को।
मैंने देखा है—
आदमी को
अपनी चिता जलाते—
मैंने देखा है।

***

अर्थहीन

बूढ़ा हो गया हूँ
व्यर्थ
कोट के
आस्तीन के बटनों की
तरह
अर्थहीन!

***

कैनवास पर

कैनवास पर
जलती आग
अब
ताप देने लगी है
वृक्षों के साए में
बहते झरने के
बिखरे जल से
आधा से
अधिक कैनवास भीग गया है
देखो,
इन खिलते फूलों को
यों न तोड़ो,
इनमें
फूलों का रंग ही नहीं
फूलों की गंध
भी है।

***

छत का सूरज

सुबह
घूमने गया था
उगता सूरज दिखा—
उसे ही
झोले में डाल कर
ले आया
छत पर टाँग दूँगा—
चमकता रहेगा
दिन-रात।
इस छोटे-से कमरे में
जगह ही कितनी है!
कहाँ डूबेगा?

***

मजबूर

जो चाहा था,
वह नहीं
जो नहीं चाहा था
वह भी नहीं
ज़िंदगी में
कभी-कभी वही सब मिलता है,
जो चाहने
न चाहने से परे
जो चाहने
न चाहने से दूर
जो चाहने
न चाहने की
सीमा में
सिमटने के लिए
मजबूर होता है।

***

साँझ

उपलों की आँच में
तपे
साँझ के बादल
मटमैले, घुमरैले
जंग लगे,
बरसने को आतुर।
रंग तो और भी थे
तुम्हारे दिए,
और भी थे स्वर,
पर वह भीगी चादर
कहाँ से लाऊँ,
जो मेरे प्राणों की तरह
निचुड़ कर
बूँद-बूँद रिस कर,
भर सके सागर।

***

दहशत

साँझ का सूरज
अभी डूबा तो
नहीं,
फिर दिशाएँ लाल
क्यों हैं?
क्यों अकारण एक तपन-सी
उठ रही है?
क्यों धुआँ-सा
घुट रहा है?
बर्फ के इस ठिठुरते मौसम में भी
लपटें क्यों
दहशत-सी पैदा कर रही हैं
क्यों अपने ही साए से
भय लग रहा है?

***

लूट

रात कुछ
ओढ़ने के काम आई,
कुछ बिछाने के।
नहीं तो
उस ठिठुरन में कैसे जीता?

दिन की ऊष्मा तो
लूट ली सब ने,
रात को फटी चादर की तरह
फेंक दिया सड़क पर

इस आपा-धापी में,
लूट में सब सहभागी हैं—
मैं दूर खड़ा
देख रहा हूँ तमाशा
भरी बाजार में
अपने ही लुट जाने का!

***

कालिख

कितनी कालिख
पुती है,
इन चेहरों पर,
उजले और उजले बनाने की होड़ में—
इनके अपनों ने ही
लगा दी है।
वे भी क्या करते बेचारे,
कोई और लगाते बेरहमी से,
इससे अच्छा है,
खुद ही लगा दी
बेशर्मी से!

***

कहाँ लिखा है

आदमी का रक्त बहाना
बुरा है,
कहाँ लिखा है?
कहाँ लिखा है,
घरों को जलाना,
बारूद के विषैले धुँए से
घर की उजली दीवारों को
धुँधलाना, बुरा है।
लूट क्या होती है?
जनतंत्र के नाम पर
छूट किसे कहते हैं?
उगने से पहले सपनों का दम तोड़ना
पाप को पुण्य से जोड़ना
बुरा होता है,
कहाँ लिखा है?

***

आओ

आओ,
चलें साँची,
सारनाथ, श्रावस्ती, जेतवन चलें,
दीपक बनकर जलें
सूरज बनकर ढलें

आओ,
एक शाम अर्पित कर दें
कुशीनारा के नाम
वृद्ध तथागत की तरह
हम भी पार करें हिरण्यवती,
शालिवन की छाँह में
रात्रि के अंतिम याम
दो शालि वृक्षों के मध्य
समाधिस्थ हो जाएँ
प्राण।

***

केवल मैं

इस अनन्त प्रतीक्षा का अंत
आखिर कहाँ होगा?
कहाँ होगा प्रारम्भ
उन अजन्मे शिशु सपनों का?
जिन्हें मैंने जिया है
बूँद-बूँद मैंने पीया है।
बिखरे हैं सारे रास्ते
उलझे धागों की तरह
और वे
हौले-हौले
पनीले साँपों की तरह
सरकते-सरकते भीतर की ओर आ रहे है—
जहाँ अकेला हूँ मैं / जहाँ अकेले में हूँ मैं
जहाँ भीड़ भी हूँ मैं,
शोर भी—
मौन भी
मैं में समाया
केवल मैं!

***

अग्नि-पर्व

जलने दो आग को,
आग को जलने दो,
आग नहीं जलेगी
तो अग्नि-पर्व कैसे मनेगा?
सदियों से संचित
हमारे अनउगे, अनछुए
सपने कैसे जलेंगे?
जो घरौंद रेत के बदले,
अपनी हड्डियों की राख से
हमने बनाए थे—
वे भरभरा कर कैसे गिरेंगे?
अपने रक्त से बूँद-बूँद सींच कर,
अपनी हथेलियों पर
जो नदियाँ बनाई थीं—
वे कैसे सूखेंगी?
हर दिशा में प्रकाश के लिए
जो खिड़कियाँ खुली रखी थीं—
वे अँधकार में
कैसे समाएँगी?

***

एक अंधी आकांक्षा

अपनी हया,
अपने वस्त्र,
अपनी त्वचा,
अपनी अस्थियाँ, मज्जा,
सब उतार कर फेंक दिए हैं तुमने,
आखिर, अब और नंगा होने के लिए
बचा ही क्या है?
एक दुर्दान्त दानवीय प्यास!
पद, मद की अंतहीन लिप्सा,
एक अंधी आकांक्षा—
जिसने मानव से अधिक अमानव
पशु से अधिक पशुवत
संस्कार दिया है!
अपनी कंटीली देह पर
मानव की खाल ओढ़े
अपने पैने पँजों से तुम कितना
माँस नोचोगे?
नर भक्षण की यह प्रवृत्ति
आखिर किस छोर पर रुकेगी!

***

दंशित

सोने न देना
जगाए रखना

लोग कहते हैं—
जैसे ही हम सोएँगे
मर जाएँगे

क्योंकि
हम साँप के डसे हुए हैं।

***

रक्तबीज

रक्तबीज की तरह
अनगिनत विष-वृक्ष
उग आए हैं—
साँपों की इस घाटी में।

हिंस्र पशुओं की अँधी भीड़
कुलाचें भरती
आगे बढ़ रही है।

पीछे जंगल हैं,
कंटीले तारों के,
आग की लपटें हैं—
लपटें ही लपटें—
झूल रही हैं
बर्फीली वादियाँ
हरे-भरे मैदान।
दरियाओं में लहू
उफन रहा है।

मेरे नन्हे वर्तमान।
अपनी देह देता हूँ तुम्हें,
देता हूँ—
अपना भविष्य
तुम जी गए तो
जी जाएगा, मेरे अस्तित्व का अहसास,
मेरा इतिहास।

***

बेसहारा

नदी का एक तट,
इस पर बाग लगाओ,
फूल उगाओ
या
चिता लगाओ,
नियति तो सबकी यही है,
आरम्भ भी,
और अन्त भी यही।
जब एक व्यक्ति,
नहीं नहीं एक समाज
एक देश मर जाता है,
तो यही होता है,
जहाँ फूल खिलने चाहिए थे,
चिताएँ सुलगती हैं,
बच्चों की
किलकारियों के लिए
जो आँगन बना था,
वहाँ मातम का माहौल होता है।

जो हाथ सहारा
देने के लिए बने थे,
वे बेसहारा करने के लिए
आगे बढ़ते हैं
आखिर कितनी हत्याएँ करोगे?
कितना लहु बहाओगे?
कितना लहू पियोगे?
जल की प्यास तो
जल से ही बुझती है,
लहू से नहीं
लहू को लहू
और जल को जल ही बने
रहने दो
देखो,
कहीं तूफान में
बुझ-बुझकर
जल रहा है दिया,
न बुझाओ उसे
वह बुझ गया तो अंधेरा
अंधेरे को ही नहीं,
कहीं तुम्हें भी लीलने लगेगा।
दीए को लेकर चलो,
तो दीए ही जलेंगे चारों ओर,
सौ-सौ सूरज
राह पर
स्वत: उगेंगे।
मंजिल तक तुम नहीं,
मंजिल तुम तक पहुँच आएगी,
नए युग का इतिहास

तुम्हारी हथेली की
रेखाओं पर होगा—
तुम्हारे माथे पर होगा
सफलता का हाथ।
तुम दिया खोजो तो सही,
दीया अपने आप जलेगा
अपने आप तुम्हें
खोजेगा पथ।

***

जमीन

जमीन पर बिछी,
काली, हरी,
पीली मटमैली
थेगलियाँ,
कहीं-कहीं
बटी हुई रस्सी का एहसास जगाती
लावारिश-सी नदियाँ
चाकू से कटे
चाकलेट के टुकड़ों की तरह
कतारों में सिमटी
बस्तियाँ।
कोई एक देश।
आसमान से नीचे झाँकने पर
कैसा लगता है कोई देश।
कैसी लगती है
कोई धरती।
धरती पर उगे घर
उगे वृक्ष

उगे खेत खलिहान
कैसे लगते हैं?
सच,
मनुष्य भी क्या है?
क्या है उसका अस्तित्व?
कितनी आशाएँ
कितनी आकाँक्षाएँ
कितने सपने
कितने संसार
कितने ब्रह्माण्ड
धरती के फटे
हरे पत्तल पर बिछे
नन्हे से टुकड़े में समा आते हैं?
लगता है—
इतनी दुनिया जीतने पर
इतनी धरती पर
बाहें पसारने के पश्चात् भी
आदमी
आजीवन कितना समेट पाता है।
जब भी मरता है,
आदमी मरता है,
आकाँक्षा नहीं,
जलती है आग,
पर तपिश नहीं,
ज्यों-ज्यों आग बढ़ती है,
बढ़ती है आग—
तपिश भी बढ़ती चली
जाती है
ज्यों-ज्यों धरती दूर होती है,

होती है धरती दूर—
त्यों-त्यों धरती की धड़कन
समीप चली जाती है।

पंख पसारने से
क्या पंख बड़े हो जाते हैं?
मात्र चलने से
क्या दूरी कम हो जाती है?
इस अंक गणित की
संख्या
जोड़ने से नहीं
घटाने से बढ़ती है।
शब्द से नहीं,
आदमी अर्थ से सीखता है
शायद इसीलिए
ज़िंदगी से अधिक
मृत्यु में जीता है।

***

यह धरती

यह धरती
अखरोट होती तो तुम
कब के
पत्थर से तोड़कर
छिलके फेंक कर
इसे
खा गए होते!

होती यह आलू
तो
तुम आग में भूनकर
कब से निगल
गए होते!

नारंगी होती तो
तुम रस निचोड़ कर
कब के
पी गए होते!

तुम्हारी प्यास तो
अन्तहीन है
तुम प्याज के छिलकों
की तरह
अब
परत-दर-परत
इसकी
परतें उतार रहे हो—
कुछ पाने की
उम्मीद में,
सब कुछ
गँवा रहे हो!

कुछ नहीं अधूरा
कुछ नहीं पूरा,
अंकों का जोड़ भी
कभी-कभी
कितना बेजोड़ बन जाता है।
अपनी ही परिधि पर
घूमता आदमी,
अपना ही आइना बन
पूरी परिधि घुमा देता है—
नाव से
पतवार को खेता हुआ,
दर्द का सागर
पार कर लेता है।

***

अहसास (एक)

रोटी के बदले
हाथ में अंगारे लिए
बच्चे चहक रहे हैं,
इन्हें खेलने दो।

जिस दिन इन्हें
सच का अहसास हो जाएगा
ये स्वयं अंगारे बनकर,
खुद को खाने लगेंगे।

***

अहसास (दो)

चिता की आग में
तुम जो रोटियाँ सेंक रहे हो,
इन बच्चों को खाने को दे दो,
ताकि
इन्हें यह अहसास हो सके
कि
लकड़ी की आग
आदमी की आग से
अलग नहीं होती।
आग
केवल आग होती है।

***

अहसास (तीन)

अंजुरी में
भरा जल
रिस जाता है जैसे,
वैसे ही कुछ
रिस गया है।
कहीं एक रिक्तता का
अहसास—
शनैः शनैः
कुछ छूट गया—
टुकड़े-टुकड़े में
दरक कर टूट गया।
देख रहा हूँ मैं
रीती आँखों मे
एक टुकड़ा आकाश
मेरी पलकों पर
उग आया है—
अंधियारा उजास।

***